LES PETITS **MARABOUT**

PETIT BUDGET

100 RECETTES

Testées pour vous !

SOMMAIRE

ESCARGOTS À LA TAPENADE

pâtes feuilletées
× 2

tapenade noire
½ pot

prêt en 20 minutes

55 minutes de repos
15 minutes de cuisson

pour 4 personnes

- Étaler la tapenade sur l'une des pâtes feuilletées. Recouvrir de l'autre pâte feuilletée.
- Rouler les pâtes en serrant bien. Placer au congélateur pendant 30 à 45 minutes.
- Couper le rouleau en tranches et remettre 10 minutes au congélateur.
- Préchauffer le four à 180 °C et enfourner 12 à 15 minutes. Servir tiède ou froid.

TORSADES AU PARMESAN

pâte feuilletée
× 1

jaune d'œuf
× 1

parmesan
1 morceau

prêt en 15 minutes

15 minutes de repos
10 minutes de cuisson

pour 4 personnes

- Râper l'équivalent de 2 cuillerées à soupe de parmesan.
- Découper la pâte feuilletée en lanières et les disposer sur une plaque de four recouverte de papier sulfurisé. Les badigeonner de jaune d'œuf à l'aide d'un pinceau. Saupoudrer de parmesan râpé.
- Former des torsades. Réserver au réfrigérateur pendant 15 minutes.
- Préchauffer le four à 180 °C et enfourner 10 minutes.

FEUILLETÉS SAUCISSE

prêt en 20 minutes

12 minutes de cuisson

pour 4 personnes

pâte feuilletée
× 1

saucisses de Strasbourg
× 4

œuf
× 1

- Couper 4 bandes de pâte feuilletée assez larges pour enrouler les saucisses. Les badigeonner d'œuf battu. Placer les saucisses sur les bandes de pâte et les enrouler puis souder les bords de pâte.

- Couper en rondelles épaisses et les placer au congélateur pendant 10 minutes.

- Préchauffer le four à 180 °C et faire cuire les feuilletés pendant 10 à 12 minutes.

TARTINES TOMATE & PESTO

prêt en 10 minutes

sans cuisson

pour 4 personnes

pain de campagne
× 8 tranches

pesto
4 cuillerées à soupe

tomates confites
300 g

basilic
quelques feuilles

- Faire griller les tranches de pain.
- Les garnir de pesto et de tomates confites. Décorer avec des feuilles de basilic.

HOUMOUS

prêt en 20 minutes

sans cuisson

pour 4 personnes

pois chiches
1 boîte de 240 g

ail
× 2 gousses

tahini
2 cuillerées à soupe

citron
× ½

huile d'olive
6 à 8 cuillerées à soupe

graines de sésame
1 pincée

- Égoutter les pois chiches, les rincer et retirer les peaux. Peler et dégermer les gousses d'ail. Presser le demi-citron.
- Mixer ensemble les pois chiches, l'ail, le tahini, l'huile d'olive et le jus de citron. Saler et poivrer.
- Arroser d'un filet d'huile d'olive et parsemer de graines de sésame au moment de servir.

HOUMOUS DE FÈVES

prêt en 15 minutes

3 minutes de cuisson

pour 4 personnes

fèves surgelées écossées
300 g

ail
× 2 gousses

huile d'olive
6 à 8 cuillerées à soupe

coriandre
quelques brins

citron
× ½

- Peler et dégermer les gousses d'ail. Presser le demi-citron.
- Plonger les fèves dans une casserole d'eau bouillante salée pendant 3 minutes. Égoutter et rafraîchir sous l'eau froide.
- Mixer les fèves avec l'ail, l'huile d'olive, le jus de citron et la coriandre. Saler et poivrer. Servir frais.

PAIN HÉRISSON

pain de campagne
× 1 boule

pesto rouge
4 cuillerées à soupe

huile d'olive
1 filet

thym
× 3 brins

prêt en 10 minutes

12 minutes de cuisson

pour 4 personnes

- Préchauffer le four à 180 °C. Inciser le pain pour former un quadrillage sans le couper complètement.

- Garnir les interstices de pesto rouge et parsemer de thym. Arroser d'un filet d'huile d'olive et enfourner 10 à 12 minutes.

THON À LA CRÈME

prêt en 15 minutes

sans cuisson

pour 4 personnes

thon à l'huile d'olive
1 boîte

crème fraîche
2 cuillerées à soupe

oignons nouveaux
× 2

citron
× ½

fines herbes
× ½ botte

- Prélever le zeste du demi-citron puis le presser. Émincer les oignons nouveaux. Ciseler les fines herbes. Égoutter le thon.
- Mélanger le thon, la crème fraîche, les oignons nouveaux, les fines herbes, le zeste et le jus de citron à la fourchette.
- Saler légèrement et poivrer. Placer au réfrigérateur jusqu'au moment de servir.

PETITS PAINS AU ROMARIN

pâte à pizza
1 boule

farine
1 cuillerée à soupe

romarin
× 1 brin

fleur de sel
1 pincée

huile d'olive
2 cuillerées à soupe

prêt en 10 minutes

10 minutes de cuisson

pour 4 personnes

- Diviser la pâte à pizza en 4 pâtons. Les étaler sur le plan de travail fariné.
- Faire chauffer une poêle (poêle-gril si possible) à feu assez vif et faire cuire les pains plats pendant quelques minutes de chaque côté.
- Arroser d'huile d'olive, parsemer de romarin et de fleur de sel. Servir sans attendre.

RILLETTES DE SARDINES

sardines à l'huile
1 boîte

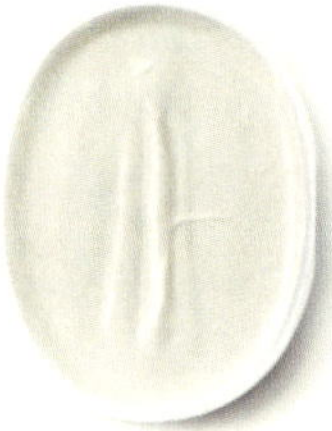

fromage à la crème
100 g

oignon nouveau
× 1

prêt en 10 minutes

sans cuisson

pour 4 personnes

- Hacher l'oignon nouveau. Retirer l'arête centrale des sardines. Émietter la chair.
- Mélanger les sardines, le fromage et l'oignon nouveau. Saler légèrement et poivrer. Réserver au réfrigérateur jusqu'au moment de servir.

GOUGÈRES AU FROMAGE

farine
140 g

comté râpé
150 g

lait
15 cl

beurre
110 g

œufs
× 4

prêt en 20 minutes

20 minutes de cuisson

pour 30 gougères

- Préchauffer le four à 180 °C. Porter 12,5 cl d'eau, le lait, le beurre et le sel à ébullition dans une casserole. Hors du feu, verser la farine en une fois et mélanger. Remettre la casserole sur le feu et dessécher la pâte en mélangeant (elle doit se décoller des parois). La transférer dans un bol et laisser tiédir. Verser les œufs sans cesser de fouetter. Incorporer le fromage râpé puis poivrer.

- Prélever des noix de pâte à l'aide d'une cuillère et les déposer sur une plaque de cuisson recouverte de papier sulfurisé. Badigeonner de lait au pinceau. Enfourner 18 à 20 minutes.

MINIPIZZAS

prêt en 15 minutes

8 minutes de cuisson

pour 4 personnes

pâte à pizza
1 boule

tomates cerises
250 g

mozzarella di bufala
1 boule

basilic
quelques feuilles

huile d'olive
4 cuillerées à soupe

- Préchauffer le four à 240 °C. Diviser la pâte en 8 pâtons. Les étaler sur le plan de travail légèrement fariné puis avec les mains, en faisant tourner la pâte. Déposer sur une plaque recouverte de papier sulfurisé.
- Couper les tomates cerises en deux et la mozzarella en petits morceaux. Disposer les tomates et la mozzarella sur les pizzas. Saler et poivrer.
- Faire cuire 6 à 8 minutes. Arroser d'huile d'olive et décorer de basilic ciselé.

FOCACCIA

prêt en 10 minutes

2 h 30 de repos
25 minutes de cuisson

pour 8 personnes

farine
500 g

levure boulangère
1 sachet

huile d'olive
15 cl

sucre
1 cuillerée à café

romarin effeuillé
× 4 brins

gros sel
1 cuillerée à café

- Dissoudre la levure dans 30 cl d'eau tiède. Ajouter 5 cl d'huile et le sucre. Verser sur la farine dans un saladier et incorporer 2 pincées de sel.
- Couvrir et laisser reposer 2 heures à température ambiante.
- Étaler avec les mains huilées sur une plaque recouverte de papier sulfurisé, laisser reposer 30 minutes.
- Préchauffer le four à 200 °C. Faire des trous avec un doigt, arroser du reste d'huile, saupoudrer de romarin et de gros sel. Enfourner 25 minutes.

CAKE COURGETTE & PESTO

prêt en 20 minutes

40 minutes de cuisson

pour 6 personnes

œufs
× 3

farine
200 g

levure chimique
1 sachet

pesto
60 g

courgettes
300 g

- Préchauffer le four à 200 °C. Râper les courgettes à l'aide d'une râpe à fromage.
- Mélanger la farine et la levure. Ajouter les œufs battus, les courgettes, le pesto, du sel et du poivre.
- Verser dans un moule à cake chemisé de papier sulfurisé.
- Enfourner 40 minutes. Démouler le cake tiède et l'envelopper dans du film alimentaire.

POIREAU & BROCOLI

brocoli
600 g

poireau
× 1

ail
× 1 gousse

thym effeuillé
× 2 brins

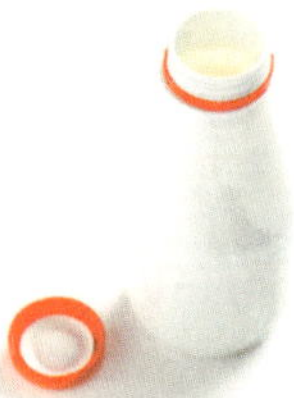

crème liquide
10 cl

comté râpé
100 g

prêt en 5 minutes

35 minutes de cuisson

pour 4 personnes

- Émincer le poireau et couper le brocoli en morceaux.
- Mettre les légumes dans une cocotte avec l'ail émincé, 1 pincée de sel, le thym et 1 litre d'eau. Cuire 30 minutes à couvert.
- Mixer avec la crème pour obtenir un velouté. Servir bien chaud avec le comté râpé.

CAROTTE & PANAIS

carottes
400 g

panais
400 g

oignon
× 1

huile d'olive
2 cuillerées à soupe

bouillon de légumes
× 1 cube

cannelle
1 pincée

prêt en 5 minutes

35 minutes de cuisson

pour 4 personnes

- Couper les carottes et les panais en rondelles.
- Faire chauffer l'huile dans une cocotte sur feu moyen, faire revenir l'oignon émincé pendant 5 minutes.
- Ajouter les carottes, les panais, le cube de bouillon, la cannelle, 1 litre d'eau et 1 pincée de sel. Cuire 30 minutes à couvert.
- Mixer pour obtenir un velouté et servir chaud, parsemé de cannelle.

PETIT POIS & MENTHE

prêt en 5 minutes

10 minutes de cuisson

pour 4 personnes

petits pois surgelés
600 g

oignon
× 1 gros

bouillon au choix
× 1 cube

mozzarella di bufala
125 g

menthe
× 3 à 4 brins

- Éplucher et émincer l'oignon. Le mettre dans une casserole avec les petits pois surgelés. Ajouter le cube de bouillon et 75 cl d'eau. Cuire à petits bouillons pendant 10 minutes.

- Vérifier la cuisson des petits pois. Ajouter la menthe hors du feu et mixer. Goûter et rectifier en assaisonnement au besoin.

- Couper la mozzarella en quatre. Répartir dans des bols et verser la soupe bien chaude dessus.

COURGETTE & CORIANDRE

courgettes
× 2

coriandre
× ½ botte

oignon
× 1

citron
× 1

lentilles corail
100 g

huile d'olive
2 cuillerées à soupe

prêt en 5 minutes

28 minutes de cuisson

pour 4 personnes

- Couper les courgettes en dés.
- Faire revenir l'oignon haché pendant 3 minutes dans une cocotte avec l'huile d'olive.
- Ajouter les courgettes, les lentilles corail, 1 pincée de sel et 1 litre d'eau. Laisser cuire pendant 25 minutes à feu moyen.
- Ajouter la coriandre ciselée et le jus du citron avant de servir.

POIREAU & POMME DE TERRE

pommes de terre
600 g

poireaux
400 g

bouillon de poule
1 litre

piment d'Espelette
1 pincée

maïs
½ boîte

huile d'olive
1 filet

prêt en 15 minutes

30 minutes de cuisson

pour 4 personnes

- Éplucher les pommes de terre et les couper en dés de 2 × 3 cm. Couper les poireaux en fines tranches et les rincer soigneusement. Égoutter le maïs.
- Dans une grande casserole, faire chauffer un filet d'huile d'olive.
- Ajouter les poireaux, les pommes de terre puis le bouillon et le maïs.
- Porter à ébullition puis laisser frémir 25 minutes à feu doux jusqu'à ce que les légumes soient fondants.
- Assaisonner avec du sel, du poivre et le piment d'Espelette.

SOUPE À L'OIGNON

prêt en 15 minutes

35 minutes de cuisson

pour 4 personnes

oignons
600 g

ail
× ½ gousse

moutarde de Dijon
1 cuillerée à café

bouillon de poule
1,2 litre

thym
× 5 brins

beurre
30 g

- Éplucher les oignons, les émincer finement en tranches.
- Faire fondre le beurre dans une grande casserole.
- Ajouter les oignons et presser l'ail dedans puis laisser cuire 10 minutes à feu doux en remuant souvent.
- Ajouter le bouillon, les brins de thym et la moutarde, et laisser cuire encore 25 minutes à feu doux. Saler et poivrer.

POMME DE TERRE & ROMARIN

prêt en 15 minutes

30 minutes de cuisson

pour 4 personnes

pommes de terre
850 g

oignon
× 1 petit

bouillon de poule
1 litre

romarin
× 3 brins

huile d'olive
1 filet

- Éplucher et couper l'oignon en petits morceaux. Éplucher les pommes de terre et les couper en morceaux de 2 × 3 cm environ.
- Dans une grande casserole, verser un filet d'huile d'olive et les morceaux d'oignon, remuer à feu doux pendant 3 minutes.
- Verser les pommes de terre, le bouillon chaud et les brins de romarin. Laisser cuire 25 minutes environ jusqu'à ce que les pommes de terre soient fondantes. Saler et poivrer.

COURGETTE & PISTOU

courgettes
1 kg

bouillon de légumes
1 litre

pistou
4 cuillerées à soupe

crème épaisse
6 cl

cerfeuil
× 4 brins

prêt en 15 minutes

20 minutes de cuisson

pour 4 personnes

- Rincer et couper les courgettes en rondelles. Dans une grande casserole, porter à ébullition le bouillon avec les courgettes puis laisser frémir 15 minutes à feu doux jusqu'à ce que les légumes soient fondants.
- Mixer les rondelles de courgette avec une petite louche de bouillon (environ 20 cl) puis ajuster selon la consistance souhaitée. Saler, poivrer, ajouter la crème et remuer.
- Verser dans des bols, ajouter 1 cuillerée à soupe de pistou dans chacun et parsemer le cerfeuil.

POIS CASSÉ & CAROTTE

prêt en 5 minutes

35 minutes de cuisson

pour 4 personnes

pois cassés
200 g

navet
× 1

échalotes
× 2

carotte
× 1

bouillon de légumes
× 1 cube

beurre
25 g

- Émincer les échalotes. Couper le navet en cubes et la carotte en rondelles de 1 cm d'épaisseur. Faire fondre le beurre dans une cocotte et faire suer les échalotes pendant 5 minutes.
- Ajouter le navet, la carotte, les pois cassés, le cube de bouillon et 1 litre d'eau.
- Laisser cuire pendant 30 minutes puis mixer pour obtenir un velouté.
- Servir bien chaud.

SOUPE COMPLÈTE

prêt en 5 minutes

35 minutes de cuisson

pour 4 personnes

lentilles vertes
150 g

concentré de tomates
2 cuillerées à soupe

céleri
× 4 branches

carotte
× 1

petites pâtes
100 g

oignon
× 1

- Émincer le céleri, feuilles comprises, et réserver une partie des feuilles pour servir. Couper la carotte en dés.
- Dans une cocotte, mettre le céleri, la carotte, les lentilles, le concentré de tomates, l'oignon émincé et 1 litre d'eau.
- Laisser cuire pendant 30 minutes, ajouter les pâtes et 1 pincée de sel. Laisser cuire 5 minutes supplémentaires.
- Servir avec les feuilles de céleri ciselées.

DHAL DE LENTILLES CORAIL

prêt en 5 minutes

25 minutes de cuisson

pour 4 personnes

lentilles corail
200 g

tomates
1 petite boîte

oignon
× 1

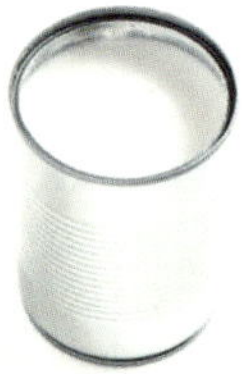

lait de coco
1 boîte de 40 cl

coriandre
quelques branches

huile d'olive
1 cuillerée à soupe

- Éplucher l'oignon et le couper en dés. Laver et hacher la coriandre.
- Faire chauffer l'huile dans une casserole et faire revenir l'oignon. Ajouter les lentilles et les tomates. Saler. Couvrir d'eau et faire cuire à couvert 15 minutes, à feu doux.
- Ajouter le lait de coco et continuer la cuisson pendant 5 minutes. Rectifier l'assaisonnement.
- Parsemer la soupe de coriandre au moment de servir.

POIS CHICHE & TOMATE

prêt en 5 minutes

20 minutes de cuisson

pour 4 personnes

pois chiches
1 grande boîte

tomates pelées
1 grande boîte

oignon
× 1 petit

curry en poudre
1 cuillerée à café

persil
× 1 petite botte

huile d'olive
1 filet

- Éplucher l'oignon et le couper en dés. Laver et hacher le persil.
- Faire chauffer un peu d'huile dans une casserole et faire revenir l'oignon. Ajouter les pois chiches préalablement égouttés ainsi que les tomates. Saler et ajouter le curry.
- Couvrir d'eau et faire cuire à couvert 15 minutes, à feu doux.
- Rectifier l'assaisonnement. Parsemer la soupe de persil au moment de servir.

CARBONARA

spaghettis
500 g

lardons fumés
250 g

œufs
× 6

parmesan
60 g

prêt en 10 minutes

15 minutes de cuisson

pour 6 personnes

- Battre les œufs avec le parmesan râpé. Assaisonner.
- Faire cuire les spaghettis le temps indiqué sur le paquet. Égoutter les pâtes en conservant un tout petit fond d'eau.
- Faire revenir les lardons dans une casserole. Y remettre les pâtes et le mélange œufs-parmesan. Remuer sans arrêt, à feu éteint, avec une cuillère en bois, jusqu'à ce que le mélange soit homogène. Servir aussitôt.

AIL & COURGETTE

spaghettis
400 g

courgette
× 1

ail
× 3 gousses

piment rouge
× 1

persil ciselé
1 cuillerée à soupe

huile d'olive
1 filet

prêt en 15 minutes

20 minutes de cuisson

pour 4 personnes

- Ôter les graines du piment. Émincer l'ail, et, à l'aide d'un pilon, le réduire en purée avec le piment. Couper la courgette en dés.
- Dans une casserole d'eau bouillante salée, faire cuire les spaghettis le temps indiqué sur le paquet.
- Faire revenir les courgettes dans une sauteuse avec un peu d'huile d'olive. Au bout de 3 à 4 minutes, ajouter la bouillie ail-piment, puis les spaghettis.
- Saupoudrer de persil ciselé et servir aussitôt.

AUBERGINE & TOMATE

prêt en 15 minutes

20 minutes de repos
20 minutes de cuisson

pour 4 personnes

rigatonis
400 g

aubergine
× 1 grosse

farine
70 g

oignon
× 1

tomates concassées
800 g

ricotta
350 g

- Couper l'aubergine en dés. Les mettre dans une passoire, les saler, placer un poids dessus. Laisser dégorger 20 minutes.
- Cuire les pâtes dans un grand volume d'eau salée. Les rincer et les égoutter. Réserver.
- Fariner les dés d'aubergine et les frire 1 à 2 minutes dans 4 cuillerées d'huile de cuisson.
- Émincer l'oignon et le faire revenir dans une poêle avec un filet d'huile d'olive. Ajouter les tomates concassées et laisser mijoter 15 minutes, à feu doux. Ajouter les dés d'aubergine, la ricotta et les pâtes. Rectifier l'assaisonnement et servir aussitôt.

pasta

AUX CHAMPIGNONS

prêt en 15 minutes

20 minutes de cuisson

pour 4 personnes

fettucines ou pappardelles
400 g

champignons de Paris
500 g

ail
× 1 gousse

persil ciselé
2 cuillerées à soupe

crème liquide
10 cl

huile d'olive
1 filet

- Faire revenir les champignons émincés quelques minutes avec un filet d'huile d'olive jusqu'à ce qu'ils perdent du volume. Ajouter l'ail et le persil émincé.
- Ajouter la crème liquide dans les champignons et laisser réduire environ 8 minutes. Réserver.
- Cuire les pâtes dans un grand volume d'eau salée le temps indiqué sur le paquet. Les égoutter en gardant 3 cuillerées à soupe d'eau de cuisson.
- Mélanger les pâtes avec les champignons et servir aussitôt.

THON & TOMATE

pipe rigate
250 g

coulis de tomates
250 g

thon à l'huile d'olive
300 g

basilic
× 12 feuilles

oignon
× 1

prêt en 5 minutes

20 minutes de cuisson

pour 4 personnes

- Émincer l'oignon et ciseler le basilic. Mettre tous les ingrédients dans une casserole. Réserver quelques feuilles de basilic.
- Ajouter 75 cl d'eau, 1 cuillerée à café de sel et 2 pincées de poivre moulu.
- Laisser cuire 15 à 20 minutes sur feu moyen en remuant régulièrement. Il doit rester 2 cm de liquide au fond de la casserole.
- Attendre 5 minutes, remuer et servir avec le reste de basilic ciselé.

pasta

PUTTANESCA

prêt en 10 minutes

15 minutes de cuisson

pour 4 personnes

penne
300 g

tomates pelées
800 g

filets d'anchois
× 4

olives noires
50 g dénoyautées

ail
× 3 gousses

huile d'olive
2 cuillerées à soupe

- Peler et émincer l'ail finement.
- Dans une casserole, faire chauffer l'huile d'olive et faire revenir l'ail et les filets d'anchois jusqu'à ce qu'ils fondent.
- Ajouter tous les autres ingrédients, saler et si nécessaire ajouter assez d'eau pour couvrir les pâtes. Porter à ébullition, couvrir et faire cuire à feu moyen pendant 15 minutes. Mélanger de temps en temps.

LARDON & OIGNON

prêt en 10 minutes

20 minutes de cuisson

pour 4 personnes

penne
350 g

lardons fumés
200 g

oignon
× 1

crème fraîche
300 g

ciboulette
× 1 petite botte

- ○ Émincer l'oignon, ciseler la ciboulette. Mettre tous les ingrédients dans une casserole.
- ○ Ajouter 1 litre d'eau et 1 cuillerée à café de gros sel.
- ○ Laisser cuire 15 à 20 minutes sur feu moyen en remuant régulièrement. Il doit rester 2 cm de liquide au fond de la casserole.
- ○ Attendre 5 minutes, remuer et servir.

pasta

À LA TOMATE

spaghettis
400 g

tomates
× 10

oignon
× 1

ail
× 2 gousses

thym
× 2 à 3 brins

huile d'olive
1 filet

prêt en 20 minutes

15 minutes de cuisson

pour 4 personnes

- Rincer, éplucher et couper les tomates en petits morceaux. Éplucher et couper l'ail en deux. Éplucher et couper l'oignon en petits morceaux.
- Dans une casserole, à feu moyen, verser l'huile d'olive, l'oignon et l'ail. Faire revenir quelques minutes.
- Ajouter les tomates et les brins de thym. Laisser mijoter à feu moyen 12 à 15 minutes. Saler et poivrer.
- Faire cuire les pâtes, les mélanger avec la sauce et servir.

TOMATES CERISES

prêt en 20 minutes

sans cuisson

pour 4 personnes

fusillis
400 g

échalotes
× 2

persil
× 4 brins

tomates cerises
× 40 (280 g)

huile d'olive
1 filet

- Éplucher et couper les échalotes en fines lamelles. Rincer et ciseler le persil. Rincer et couper les tomates cerises en quatre.
- Dans un bol, mettre les tomates et les presser avec les mains pour faire sortir le jus. Ajouter le persil, l'échalote, l'huile d'olive, du sel et du poivre. Bien mélanger.
- Faire cuire les fusillis et les mélanger avec les tomates cerises au persil avant de servir.

PETIT POIS & MOZZA

prêt en 10 minutes

10 minutes de cuisson

pour 4 personnes

ruote
400 g

beurre
100 g

estragon
× 4 brins

mozzarella
250 g

petits pois surgelés
190 g

- Rincer et hacher grossièrement l'estragon. Couper la mozzarella en gros morceaux.
- Cuire les petits pois selon les instructions de l'emballage et égoutter.
- Cuire les pâtes selon les instructions du paquet.
- Dans une casserole, à feu doux, faire fondre le beurre coupé en tranches. Quand il devient noisette, mettre la casserole hors du feu et ajouter les petits pois.
- Verser les petits pois au beurre sur les pâtes. Ajouter la mozzarella. Saler et poivrer.

BROCOLI & PETIT POIS

prêt en 5 minutes

15 minutes de cuisson

pour 4 personnes

macaronis
400 g

brocoli
350 g

jaunes d'œufs
× 3

gruyère râpé
35 g

petits pois surgelés
150 g

- Rincer et couper le brocoli en bouquets.
- Porter à ébullition 1 litre d'eau salée, y mettre les brocolis et les petits pois. Cuire 5 minutes puis égoutter.
- Faire cuire les pâtes comme indiqué sur le paquet.
- Dans un plat, verser les pâtes encore chaudes avec les brocolis et les petits pois. Bien mélanger.
- Verser les jaunes d'œufs et mélanger délicatement. Ajouter le gruyère râpé. Saler et poivrer.

FONDUE DE POIREAU

prêt en 10 minutes

25 minutes de cuisson

pour 4 personnes

spaghettis
400 g

poireaux
250 g

ail
× 2 gousses

thym
× 4 brins

crème épaisse
20 cl

bière blonde
10 cl

- Rincer et couper finement les poireaux. Les passer sous l'eau de nouveau. Éplucher et émincer l'ail.
- Dans une casserole, à feu moyen, verser les poireaux et la bière. Remuer pendant 5 minutes. Ajouter l'ail et les brins de thym et cuire environ 10 minutes.
- Faire cuire les pâtes comme indiqué sur le paquet.
- Avant de servir, verser la crème fraîche dans la casserole des poireaux et laisser mijoter à feu doux quelques minutes. Saler et poivrer. Mélanger la sauce avec les pâtes et servir.

THON, KETCHUP & BASILIC

spaghettis
400 g

tomates
× 10

thon
2 boîtes

crème liquide
5 cl

ketchup
7 cl

basilic
× 20 feuilles

prêt en 10 minutes

25 minutes de cuisson

pour 4 personnes

- Rincer, éplucher avec un couteau et couper les tomates en petits morceaux. Rincer le basilic, garder quelques feuilles entières et ciseler le reste.
- Dans une casserole, à feu moyen, verser les dés de tomate, la crème liquide, le basilic et mélanger. Ajouter le thon émietté et le ketchup. Laisser mijoter 12 à 15 minutes.
- Faire cuire les pâtes comme indiqué sur le paquet.
- Mélanger la sauce avec les pâtes. Saler, poivrer et parsemer de feuilles de basilic.

BOLOGNAISE

prêt en 10 minutes

30 minutes de cuisson

pour 4 personnes

bœuf haché
300 g

lardons fumés
100 g

vin rouge
10 cl

bouillon au choix
20 cl

oignon
× 1

purée de tomates
500 g

- Couper l'oignon en petits dés. Le faire revenir avec les lardons dans une poêle légèrement huilée.
- Ajouter la viande et laisser colorer en mélangeant régulièrement.
- Verser le vin rouge et, dès qu'il s'est évaporé, ajouter la purée de tomates. Ajouter 15 cl de bouillon et assaisonner.
- Cuire à feu doux pendant 20 minutes au minimum, à couvert.
- Servir avec des pâtes comme des spaghettis ou des tagliatelles.

LASAGNES

prêt en 15 minutes

1 h 10 de cuisson

pour 6 personnes

lasagnes sèches
ou fraîches
500 g

bœuf haché
350 g

oignon
× 1

tomates concassées
800 g

béchamel
50 cl

mozzarella râpée
200 g

- Émincer l'oignon et le faire revenir dans une poêle avec un filet d'huile d'olive. Ajouter la viande. Quand elle commence à colorer, ajouter les tomates. Assaisonner. Laisser mijoter 20 minutes. Au besoin, ajouter 10 cl d'eau.
- Préchauffer le four à 180 °C. Dans un plat à gratin, étaler une couche de lasagne, une couche de béchamel, une couche de préparation à la viande et une couche de mozzarella râpée. Recommencer jusqu'à épuisement des ingrédients en terminant par une bonne couche de mozzarella.
- Enfourner 30 à 40 minutes.

GRATIN DE PÂTES AU MAÏS

prêt en 15 minutes

25 minutes de cuisson

pour 4 personnes

coquillettes
400 g

maïs
1 boîte de 285 g

cheddar
150 g

crème fraîche
10 cl

ail
× 2 gousses

persil
× 1 botte

- Préchauffer le four à 200 °C. Faire cuire les pâtes en suivant les instructions du paquet.
- Laver et hacher le persil. Éplucher l'ail et l'écraser. Râper le cheddar.
- Mélanger les pâtes cuites et égouttées avec la crème fraîche, le maïs égoutté, les trois quarts du fromage râpé, l'ail et le persil. Saler, poivrer, puis verser dans un plat à gratin.
- Repartir par-dessus le reste de fromage râpé et enfourner pendant 25 minutes. Servir aussitôt.

COQUILLETTES & JAMBON

prêt en 5 minutes

7 minutes de cuisson
2 minutes de repos

pour 2 à 4 personnes

coquillettes
250 g

beurre
50 g

comté
150 g

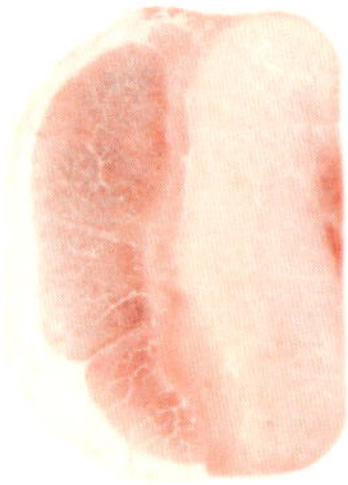

jambon blanc
× 4 tranches

- Couper le jambon en dés, râper le comté.
- Dans une grande sauteuse, mettre les pâtes, le beurre, 60 cl d'eau et ½ cuillerée à café de sel. Poivrer, porter à ébullition. Baisser le feu et cuire 7 minutes, en remuant régulièrement.
- Éteindre, ajouter le comté et le jambon. Couvrir, attendre 2 minutes, remuer. Rectifier l'assaisonnement au besoin.

GNOCCHIS MAISON

prêt en 30 minutes

25 minutes de cuisson

pour 4 personnes

pommes de terre
pour la purée
1 kg

farine
400 g

œuf
× 1

beurre
50 g

noix de muscade
1 pincée

- Éplucher les pommes de terre. Les cuire dans une grande casserole d'eau bouillante salée environ 20 minutes. Les réduire en purée. Incorporer le beurre au fur et à mesure.

- Mélanger la purée et le reste des ingrédients jusqu'à l'obtention d'une pâte homogène. Assaisonner. Diviser la pâte en 4 parts égales. Former des boudins très fins et longs. Les fariner, puis détailler des gnocchis et les marquer en appuyant avec une fourchette.

- Dans une grande casserole d'eau bouillante salée, faire cuire les gnocchis. Égoutter dès qu'ils remontent à la surface.

LÉGUMES RÔTIS AU FOUR

prêt en 15 minutes

35 minutes de cuisson

pour 4 personnes

pommes de terre
1 kg

oignon rouge
× 1

citrons
× 2

huile d'olive
3 cuillerées à soupe

fromage blanc
125 g

paprika moulu
1 cuillerée à café

- Préchauffer le four à 200 °C.
- Éplucher les pommes de terre, les laver et les couper en quartiers. Éplucher l'oignon et le couper en lamelles. Laver et couper les citrons en quartiers.
- Mettre les pommes de terre, les citrons et l'oignon sur une plaque allant au four et mélanger avec l'huile d'olive. Saler et poivrer.
- Enfourner 35 minutes. Mélanger le fromage blanc avec le paprika et servir avec les pommes de terre.

POÊLÉE PAYSANNE

prêt en 15 minutes

30 minutes de cuisson

pour 4 personnes

pommes de terre
à chair ferme
× 4

oignon
× 1

chair à saucisse
400 g

céleri
× 3 branches

petits pois
200 g

huile d'olive
2 cuillerées à soupe

- Éplucher les pommes de terre, les laver et les couper en petits dés. Laver les branches de céleri et les couper en petits morceaux. Éplucher l'oignon et le couper en fines lamelles.
- Chauffer l'huile dans une sauteuse antiadhésive et faire revenir les oignons 2 minutes à feu moyen.
- Ajouter la chair à saucisse et faire colorer 3 minutes. Ajouter les pommes de terre, saler et cuire 15 minutes à feu moyen. Ajouter le céleri et les petits pois et cuire 10 minutes.
- Rectifier l'assaisonnement avant de servir.

GRATIN DAUPHINOIS

prêt en 20 minutes

45 minutes de cuisson

pour 4 personnes

pommes de terre
à chair fondante
1 kg

ail
× 2 gousses

crème liquide
75 cl

beurre
40 g

noix de muscade
2 pincées

- Préchauffer le four à 180 °C. Éplucher les pommes de terre et les trancher très finement. Frotter le plat avec les gousses d'ail épluchées et écrasées.
- Étaler des couches de pommes de terre et arroser chaque couche de crème liquide.
- Assaisonner, saupoudrer la noix de muscade. Couvrir la dernière couche de morceaux de beurre. Enfourner 45 minutes.

LÉGUMES RÔTIS, FETA & CURRY

prêt en 15 minutes

30 minutes de cuisson

pour 4 personnes

pommes de terre
× 4

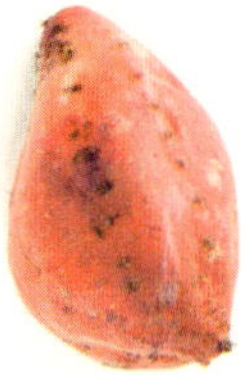

patate douce
× 1

feta
200 g

curry en poudre
1 cuillerée à café

thym
× 4 brins

huile d'olive
3 cuillerées à soupe

- Préchauffer le four à 200 °C.
- Laver et effeuiller le thym. Éplucher les pommes de terre et la patate douce. Les laver et les couper en quartiers.
- Les disposer sur une plaque allant au four. Les mélanger avec l'huile d'olive, le curry et le thym. Saler et poivrer. Enfourner et faire cuire pendant 30 minutes.
- Émietter la feta par-dessus et servir aussitôt.

Cuisinart

COCOTTE D'ÉTÉ

prêt en 15 minutes

50 minutes de cuisson

pour 4 personnes

pommes de terre grenailles
800 g

tomates
600 g

câpres
2 cuillerées à soupe

tête d'ail
× ½

zeste de citron
× 1

huile d'olive
2 cuillerées à soupe

- Préchauffer le four à 180 °C. Laver les pommes de terre et les tomates, les couper en deux.
- Mélanger tous les ingrédients sauf le zeste, saler. Les mettre dans un plat allant au four. Enfourner et faire cuire pendant 50 minutes.
- Avant de servir, retirer la chair d'ail avec une fourchette, l'écraser et mélanger avec le reste du plat.
- Parsemer avec le zeste de citron.

STAUB

COCOTTE ŒUF & LARDON

prêt en 10 minutes

35 minutes de cuisson

pour 4 personnes

pommes de terre rattes
500 g

lardons fumés
100 g

crème fraîche
20 cl

oignon
× 1

thym
× 2 brins

œufs
× 4

- Émincer l'oignon. Mettre tous les ingrédients sauf les œufs dans une cocotte.
- Ajouter 30 cl d'eau, 1 cuillerée à café de sel et 2 pincées de poivre moulu.
- Laisser cuire pendant 30 minutes à couvert, à feu moyen. Mélanger, le liquide doit être crémeux.
- Casser les œufs dans la cocotte, couvrir et laisser cuire encore 5 minutes.

POMME DE TERRE & CIBOULETTE

pommes de terre
à chair ferme
1 kg

romarin
× 1 botte

fromage blanc
200 g

échalote
× 1

ciboulette
× 1 botte

prêt en 15 minutes

30 minutes de cuisson

pour 4 personnes

- Laver les pommes de terre, frotter la peau. Faire un trou dans chaque pomme de terre à l'air d'une pique à brochette. Glisser un brin de romarin dans chaque trou.
- Cuire directement sur la grille du cuit-vapeur 20 à 30 minutes selon leur taille. Vérifier la cuisson.
- Ciseler l'échalote et la ciboulette. Les mélanger au fromage blanc. Assaisonner.
- Servir les pommes de terre encore chaudes avec la sauce.

CHOU ROUGE & POMME DE TERRE

pommes de terre roseval
1 kg

chou rouge
× ¼

aneth
× ½ botte

moutarde à l'ancienne
1 grosse cuillerée à soupe

vinaigre de framboise
3 cuillerées à soupe

huile de colza
4 cuillerées à soupe

prêt en 15 minutes

30 minutes de cuisson

pour 4 personnes

- Cuire les pommes de terre à la vapeur 20 à 30 minutes. Vérifier la cuisson, les éplucher quand elles sont encore tièdes.
- Émincer le chou. Mélanger le vinaigre, la moutarde et l'huile. Ajouter le chou et l'aneth haché. Assaisonner.
- Couper les pommes de terre en rondelles de 5 mm d'épaisseur, les mélanger à la salade. Goûter et rectifier l'assaisonnement.

ÉCRASÉE AUX HARICOTS VERTS

prêt en 15 minutes

25 minutes de cuisson

pour 4 personnes

pommes de terre nouvelles
600 g

haricots verts
500 g

ail
× 3 gousses

huile d'olive
5 cuillerées à soupe

- Nettoyer les légumes. Équeuter les haricots. Éplucher les pommes de terre, les couper en quatre.
- Cuire les pommes de terre dans le premier panier d'un cuit-vapeur 25 minutes.
- Au bout de 10 minutes, ajouter le second panier avec les haricots verts et l'ail épluché.
- Transférer le tout dans un grand plat avec le jus de cuisson. Écraser avec une fourchette tout en ajoutant l'huile. Assaisonner et servir.

TERRINE POMME DE TERRE & SARDINE

pommes de terre
× 6

sardines à l'huile d'olive
4 boîtes

ail
× 1 gousse

thym
× 1 brin

herbes aromatiques
6 cuillerées à soupe

prêt en 15 minutes

20 minutes de cuisson
2 heures de repos

pour 4 personnes

- Faire cuire les pommes de terre 20 minutes, départ à froid, dans une casserole d'eau salée avec l'ail légèrement écrasé et le thym.
- Éplucher les pommes de terre encore chaudes et les couper en tranches fines.
- Dans un moule à cake ou une terrine, alterner les couches de rondelles de pomme de terre et les sardines. Saupoudrer régulièrement de thym et arroser de l'huile des sardines. Placer un poids sur la terrine et mettre 2 heures au frais.
- Démouler une fois bien froid.

TOURTE DE TAILLONS

prêt en 10 minutes

45 minutes de cuisson

pour 6 personnes

pâtes brisées
× 2

pommes de terre
750 g

oignons doux
× 3

tranches de poitrine fumée
100 g

crème épaisse entière
4 cuillerées à soupe

huile de cuisson
1 cuillerée à soupe

- Couper les pommes de terre pelées en rondelles de 5 mm. Les cuire à l'eau bouillante salée 10 minutes. Faire revenir les oignons émincés 5 minutes dans l'huile.
- Dérouler la pâte sur une plaque. Déposer au centre les pommes de terre et les oignons. Assaisonner, couvrir de poitrine fumée et de crème épaisse.
- Couper la seconde pâte en lamelles, les poser en quadrillage sur la tarte et rouler les bords pour les souder.
- Enfourner 30 minutes.

COURONNE AU CAMEMBERT

pâte brisée
× 1

pommes de terre
500 g

crème liquide entière
10 cl

ciboulette
× 12 brins

camembert
× ½

jaune d'œuf
× 1

prêt en 15 minutes

1 heure de cuisson

pour 4 personnes

- Préchauffer le four à 180 °C. Cuire les pommes de terre 30 minutes dans de l'eau bouillante. Les écraser avec la crème. Assaisonner et ajouter la ciboulette ciselée.
- Dérouler la pâte, déposer un bol de 14 cm de diamètre au centre. Étaler la purée tout autour. Déposer 8 parts de camembert sur la purée. Rabattre les bords de la pâte sur la purée. Couper le centre de la pâte en huit et replier chaque triangle sur le camembert.
- Dorer au jaune d'œuf et enfourner 30 minutes.

COCOTTE D'AUTOMNE

prêt en 15 minutes

30 minutes de cuisson

pour 4 personnes

pommes de terre
× 6

oignon
× 1

champignons de Paris
250 g

jambon cru
× 4 tranches

huile d'olive
2 cuillerées à soupe

thym
× 4 brins

- Faire revenir les pommes de terre coupées en cubes, l'oignon émincé et les champignons coupés en quartiers dans l'huile.
- Ajouter le jambon, le thym et 30 cl d'eau. Saler, poivrer et laisser mijoter 20 minutes à couvert, à feu doux.

TORTILLA

prêt en 10 minutes

30 minutes de cuisson
10 minutes de repos

pour 4 personnes

œufs
× 4

pommes de terre
500 g

oignon
× 1

huile de cuisson
25 cl

- Émincer l'oignon, éplucher les pommes de terre et les couper en fines rondelles.
- Mettre le tout dans une poêle à bords hauts, couvrir d'huile et faire cuire sur feu moyen pendant 20 minutes. Égoutter et remettre dans la poêle.
- Battre les œufs avec du sel et du poivre, verser sur les pommes de terre et laisser reposer 10 minutes.
- Cuire jusqu'à ébullition, faire glisser sur une assiette puis retourner dans la poêle. Faire cuire encore 3 minutes.

avec une boîte d'œufs

FRITTATA AUX COURGETTES

œufs
× 4

courgettes
× 2

oignon
× 1

gorgonzola
120 g

huile d'olive
4 cuillerées à soupe

prêt en 10 minutes

15 minutes de cuisson

pour 4 personnes

- Couper les courgettes en lamelles à la mandoline. Émincer l'oignon. Les faire revenir 10 minutes sur feu moyen dans l'huile d'olive dans une poêle à bords hauts allant au four.
- Battre les œufs avec 2 pincées de sel et de poivre. Verser dans la poêle, ajouter le gorgonzola émietté, laisser cuire 2 minutes.
- Finir la cuisson 3 minutes sous le gril du four.
- Démouler et placer au frais avant de servir.

FRITTATA TOMATE & ÉPINARD

œufs
× 8

lait
6 cl

feta
200 g

pousses d'épinard
2 poignées

tomates cerises
200 g

basilic
½ poignée

prêt en 5 minutes

12 minutes de cuisson

pour 4 personnes

- Préchauffer le four à 220 °C.
- Battre les œufs puis ajouter le lait.
- Dans une poêle en fonte bien graissée, cuire les épinards sur feu vif pendant 2 minutes. Verser le mélange œufs et lait, et cuire 5 minutes.
- Parsemer la frittata avec la feta en morceaux, les tomates cerises coupées en deux et les feuilles de basilic. Placer la frittata au four pendant 5 minutes.

avec une boîte d'œufs

QUICHE LORRAINE

pâte brisée
× 1

crème liquide entière
40 cl

lardons fumés
200 g

œufs
× 2

prêt en 10 minutes

55 minutes de cuisson

pour 6 personnes

- Préchauffer le four à 200 °C. Étaler la pâte dans un moule à tarte chemisé de papier sulfurisé. Piquer le fond de pâte avec une fourchette et enfourner pour précuire 15 minutes à blanc.
- Faire revenir les lardons 5 minutes dans une poêle bien chaude.
- Mélanger les œufs avec la crème, du sel et du poivre. Verser sur la pâte précuite, ajouter les lardons.
- Enfourner 40 minutes.

PALLARES
SOLSONA

QUICHE COURGETTE & CHÈVRE

pâte brisée
× 1

œufs
× 2

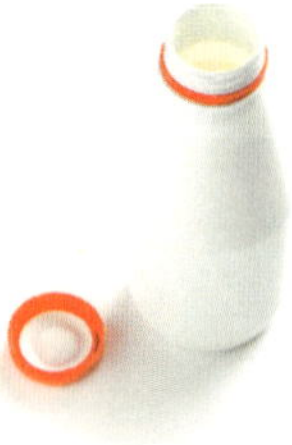

crème liquide entière
30 cl

courgettes
× 2

chèvre frais
100 g

huile d'olive
2 cuillerées à soupe

prêt en 10 minutes

40 minutes de cuisson

pour 6 personnes

- Couper les courgettes en lanières. Faire chauffer l'huile dans une poêle. Faire revenir les lanières de courgette pendant 10 minutes.
- Préchauffer le four à 180 °C. Étaler la pâte dans un moule, piquer le fond et enfourner 10 minutes.
- Mélanger les œufs, la crème, saler et poivrer. Verser sur le fond de tarte, ajouter les courgettes et le fromage émietté, enfourner 30 minutes.

avec une boîte d'œufs

QUICHE SANS PÂTE AUX LÉGUMES

jardinière de légumes
surgelée
265 g

lait
25 cl

œufs
× 3

crème liquide
10 cl

farine
2 cuillerées à soupe

emmental râpé
100 g

prêt en 5 minutes

30 minutes de cuisson

pour 6 personnes

- Préchauffer le four à 200 °C. Placer tous les ingrédients, sauf la jardinière, dans la cuve d'un mixeur. Mélanger jusqu'à l'obtention d'une préparation homogène.
- Ajouter la jardinière de légumes et mélanger.
- Verser l'ensemble dans un plat à manqué en silicone, ou chemisé de papier sulfurisé.
- Enfourner 30 minutes.

avec une boîte d'œufs

ŒUFS À LA BASQUAISE

œufs
× 4

huile d'olive
2 cuillerées à soupe

poivron vert
× 1

tomates cerises
200 g

oignon
× 1 petit

chorizo
60 g

prêt en 10 minutes

10 minutes de cuisson

pour 2 personnes

- Nettoyer les légumes. Émincer l'oignon et le poivron. Couper le chorizo en rondelles et les tomates en deux.
- Chauffer l'huile dans une poêle. Verser tous les légumes et le chorizo, assaisonner. Cuire 5 minutes en remuant.
- Baisser le feu et casser les œufs. Couvrir et cuire tout doucement 5 minutes.

PIPERADE

prêt en 15 minutes

40 minutes de cuisson

pour 4 personnes

poivrons
× 3

oignon
× 1

ail
× 3 gousses

tomates
× 3

huile d'olive
4 cuillerées à soupe

œufs
× 6

- Émincer l'oignon et les poivrons. Couper les tomates en cubes, presser l'ail.
- Chauffer l'huile dans une poêle. Faire suer l'oignon 10 minutes. Ajouter les poivrons, assaisonner, cuire 10 minutes. Ajouter les tomates et l'ail, et cuire encore 15 minutes. Goûter, rectifier l'assaisonnement. Casser les œufs et cuire 1 minute, en remuant.

avec une boîte d'œufs

CHAKCHOUKA VERTE

poireaux
× 3

courgettes
× 3

petits pois surgelés
200 g

œufs
× 4

huile d'olive
2 cuillerées à soupe

persil
× 1 petite botte

prêt en 15 minutes

25 minutes de cuisson

pour 4 personnes

- Couper les poireaux en deux, les laver et les couper en morceaux. Laver les courgettes et les couper en dés. Laver et hacher le persil grossièrement.
- Faire chauffer l'huile d'olive dans une sauteuse, puis faire revenir les poireaux et les courgettes 5 minutes à feu moyen. Saler et poivrer. Ajouter les petits pois et poursuivre la cuisson 15 minutes à couvert. Ajouter un peu d'eau au besoin.
- Casser les œufs sur les légumes, couvrir et cuire pendant 4 à 5 minutes.
- Parsemer de persil juste avant de servir.

LODGE

OMELETTE COMPLÈTE

prêt en 10 minutes

10 minutes de cuisson

pour 2 à 4 personnes

œufs
× 6

huile neutre
3 cuillerées à soupe

champignons de Paris
× 4 gros

pousses d'épinard
100 g

cantal
80 g

jambon de pays
× 2 tranches

- Nettoyer les champigons, les couper en quartiers. Râper le cantal. Couper le jambon en morceaux.
- Fouetter les œufs avec le cantal, poivrer.
- Chauffer la moitié de l'huile dans une poêle. Faire revenir les champignons sur feu vif 4 minutes. Baisser le feu, ajouter les épinards, remuer.
- Verser les œufs et cuire selon vos goûts en remuant de temps en temps. Hors du feu, ajouter le jambon.

SALADE CAROTTE & MENTHE

pois chiches cuits
250 g

carottes
× 2

menthe
× 4 brins

yaourt grec
× 1

huile d'olive
4 cuillerées à soupe

cumin
1 cuillerée à soupe

prêt en 15 minutes

sans cuisson

pour 6 personnes

- Rincer et égoutter les pois chiches. Râper les carottes.
- Effeuiller et ciseler la menthe.
- Mélanger les pois chiches, les carottes râpées, la menthe, l'huile d'olive, le yaourt grec, le cumin, le sel et le poivre. Servir frais.

SALADE BETTERAVE RÔTIE

betteraves
× 4 grosses

pois chiches cuits
460 g

concombre
× 1

sumac
2 cuillerées à café

huile d'olive
2 cuillerées à soupe

prêt en 10 minutes

20 minutes de cuisson

pour 4 personnes

- Éplucher les betteraves et les trancher en rondelles de 1,5 mm à la mandoline. Tailler le concombre en dés. Préchauffer le four à 180 °C.
- Mélanger les betteraves avec 1 cuillerée à soupe d'huile et 1 cuillerée à café de sel. Les répartir entre 2 plaques tapissées de papier sulfurisé. Enfourner 20 minutes jusqu'à ce qu'elles deviennent croustillantes. Les faire refroidir sur une grille.
- Mélanger les autres ingrédients et 1 pincée de sel dans un saladier. Ajouter les chips de betterave au moment de servir.

SALADE MILLET & POIRE

prêt en 5 minutes

25 minutes de cuisson

pour 4 personnes

millet
200 g

poires
× 3

persil
× 1 petite botte

huile d'olive
2 cuillerées à soupe

- Retirer le trognon des poires et les hacher grossièrement. Rincer le millet, le mettre dans une casserole à feu moyen-vif et le faire griller pendant 3 minutes, sans cesser de remuer.

- Verser 50 cl d'eau, 1 pincée de sel et porter à ébullition. Couvrir, réduire le feu et laisser mijoter 20 minutes. Retirer l'excédent d'eau et égrainer à l'aide d'une fourchette.

- Rassembler le millet et tous les autres ingrédients, assaisonner et bien mélanger.

TABOULÉ LIBANAIS

prêt en 15 minutes

sans cuisson

pour 4 personnes

semoule fine
100 g

persil
× 2 bottes

oignon
× 1

tomates
× 2 bien mûres

huile d'olive
6 cl

citron
× 1 gros

- Laver le persil. Ciseler l'oignon et couper les tomates en cubes.
- Les verser dans un saladier avec le jus de la tomate. Ajouter la semoule, le jus du citron et l'huile d'olive. Mélanger et réserver au frais quelques minutes.
- Mixer grossièrement le persil au hachoir, ajouter à la semoule. Saler, poivrer, mélanger.
- Réserver 5 minutes au frais.

SALADE LENTILLE & CHORIZO

prêt en 15 minutes

15 minutes de cuisson

pour 4 personnes

chorizo
250 g

lentilles vertes cuites
× 800 g

chou kale
× 12 feuilles

romarin séché
2 cuillerées à café

carottes
× 3

- Ôter la tige du chou kale et récupérer les feuilles.
- Dans une poêle sur feu moyen, faire revenir les carottes coupées en tranches pendant 4 minutes. Ajouter le chorizo coupé en tranches de 5 mm et faire revenir 6 minutes supplémentaires.
- Ajouter les lentilles égouttées, le chou kale finement ciselé et le romarin séché.
- Cuire 2 minutes. Saler et poivrer.

SALADE HARICOT BLANC & TOMATE

prêt en 15 minutes

sans cuisson

pour 4 personnes

haricots blancs en bocal
400 g

tomates cerises
250 g

oignon rouge
× ½

persil
× 4 brins

vinaigre de xérès
2 cuillerées à soupe

huile d'olive
3 cuillerées à soupe

- Rincer et égoutter les haricots. Émincer le demi-oignon, couper les tomates en deux et hacher le persil. Mélanger le vinaigre et l'huile, assaisonner.
- Mélanger tous les légumes, verser la sauce. Remuer, goûter et rectifier l'assaisonnement.

COCOTTE LARDON & POIREAU

prêt en 5 minutes

20 minutes de cuisson

pour 4 personnes

blé précuit
250 g

lardons
100 g

poireau
× 1

bouillon de légumes
× 1 cube

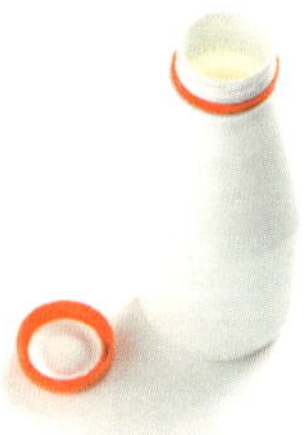

crème liquide
20 cl

persil
× 1 petite botte

- Laver et émincer le poireau. Ciseler le persil. Mettre tous les ingrédients dans une casserole.
- Ajouter 50 cl d'eau, 1 cuillerée à café de sel et 2 pincées de poivre moulu.
- Porter à ébullition puis laisser cuire 20 minutes à feu moyen en remuant régulièrement.

TAJINE VEGGIE

prêt en 15 minutes

25 minutes de cuisson

pour 4 personnes

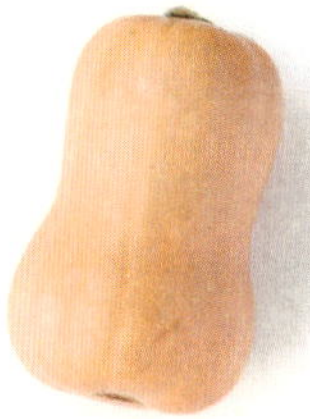

butternut
× 1

pois chiches
1 grande boîte

citrons confits
× 2

oignon
× 1

ras el-hanout
2 cuillerées à café

huile d'olive
2 cuillerées à soupe

- Éplucher l'oignon et le couper en fines lamelles. Éplucher la butternut et la couper en dés.
- Chauffer l'huile dans une casserole large et faire revenir l'oignon avec le ras el-hanout pendant 2 minutes. Ajouter la butternut et remuer 3 minutes sur feu vif.
- Égoutter les pois chiches et les citrons confits coupés en quartiers, et les ajouter dans la casserole. Ajouter un verre d'eau. Saler et poivrer. Couvrir et cuire pendant 20 minutes.
- Servir bien chaud avec de la semoule par exemple.

CURRY VEGGIE

lentilles corail
250 g

oignon
× 1

courgettes
× 3

huile d'olive
2 cuillerées à soupe

crème de coco
20 cl

curry en poudre
1 cuillerée à café

prêt en 10 minutes

25 minutes de cuisson

pour 4 personnes

- Éplucher l'oignon et le hacher finement. Laver les courgettes et les couper en dés.
- Faire chauffer l'huile dans une casserole et faire revenir l'oignon pendant 2 minutes. Ajouter les courgettes et le curry, et poursuivre la cuisson 3 minutes à feu moyen. Saler et poivrer.
- Ajouter les lentilles, couvrir d'eau et faire cuire à couvert pendant 10 minutes à feu doux. Ajouter un peu d'eau si nécessaire. Ajouter la crème de coco. Poursuivre la cuisson 10 minutes.
- Servir aussitôt.

POTÉE DE CHOU

chou vert
× 1 petit

carottes
× 2

navets
× 4

poireau
× 1 gros

saucisse de Morteau
× 1

haricots blancs surgelés
450 g

prêt en 15 minutes

45 minutes de cuisson

pour 4 personnes

- Éplucher les légumes. Couper le chou en quartiers, et les autres légumes en deux ou en quatre selon leur taille.
- Dans une cocotte, déposer le chou, les haricots, les navets, les carottes et la saucisse. Mouiller à hauteur. Assaisonner et cuire 30 minutes à petite ébullition.
- Ajouter le poireau, poursuivre la cuisson 15 minutes.
- Couper la saucisse en tranches avant de servir.

COCOTTE COMPLÈTE

prêt en 10 minutes

10 minutes de cuisson

pour 4 personnes

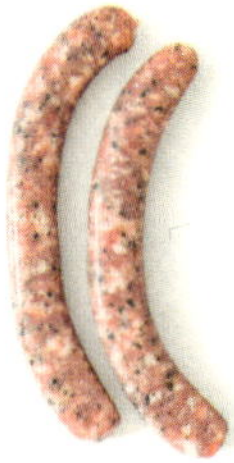

chipolatas
× 8

haricots blancs en bocal
600 g

tomates cerises
250 g

brocoli
× 1

huile d'olive
3 cuillerées à soupe

ail
× 4 gousses

- Préchauffer le gril du four. Nettoyer les légumes. Couper les fleurettes du brocoli en deux ou en quatre. Presser l'ail. Rincer et égoutter les haricots.
- Cuire les chipolatas 10 minutes sur une plaque.
- Chauffer l'huile dans une sauteuse, dorer l'ail puis ajouter le brocoli, les tomates et 5 cl d'eau. Assaisonner, cuire 5 minutes.
- Verser les haricots. Remuer et cuire 2 à 3 minutes supplémentaires. Servir avec les chipolatas.

TARTE AUX POMMES

prêt en 20 minutes

45 minutes de cuisson

pour 6 personnes

pommes gala
1 kg

pâte brisée
× 1

beurre salé
50 g

sucre vanillé
2 sachets

- Préchauffer le four à 180 °C.
  Peler les pommes et les trancher en fines lamelles.
- Étaler la pâte brisée dans un moule à tarte, répartir harmonieusement les lamelles de pomme.
- Parsemer de petits morceaux de beurre et saupoudrer de sucre vanillé.
- Enfourner 45 minutes.

COULANT AU CHOCOLAT

prêt en 15 minutes

15 minutes de cuisson

pour 4 personnes

œufs
× 4

sucre
160 g

beurre
100 g

chocolat noir 70 %
160 g

farine
2 cuillerées à soupe

- Préchauffer le four à 180 °C. Mélanger le sucre avec les œufs jusqu'à l'obtention d'une crème homogène.
- Faire fondre le beurre et le chocolat coupé en morceaux dans une casserole à feu doux. Verser le chocolat fondu sur la préparation aux œufs, ajouter la farine et mélanger.
- Beurrer un moule à manqué et chemiser avec un peu de sucre. Verser la pâte dans le moule. Enfourner 15 minutes. Servir encore chaud, accompagné d'une boule de glace à la vanille.

MOUSSE CHOCO

chocolat noir
180 g

œufs
× 4

sucre
60 g

prêt en 20 minutes

sans cuisson
2 heures de réfrigération

pour 4 personnes

- Séparer les blancs des jaunes d'œufs. Faire fondre le chocolat au bain-marie. Laisser tiédir, puis incorporer les jaunes d'œufs à l'aide d'une spatule en faisant des mouvements concentriques.

- Monter les blancs d'œufs en neige ferme avec 1 pincée de sel. Verser le sucre en continuant de fouetter. Incorporer les blancs dans le chocolat en 2 fois en veillant à ne pas les casser.

- Répartir la mousse dans des ramequins et placer 2 heures au réfrigérateur.

RIZ AU LAIT

riz à risotto
100 g

vanille
× 1 gousse

lait entier
1 litre

sucre
90 g

prêt en 10 minutes

1 heure de cuisson

pour 4 personnes

- Verser le lait dans une casserole, ajouter la vanille. Porter à ébullition, ajouter le riz et faire cuire pendant 45 minutes à 1 heure à feu doux, en mélangeant souvent.
- Ajouter le sucre, mélanger et retirer la gousse de vanille.
- Parsemer d'amandes effilées grillées et napper de caramel selon les goûts.

SHORTBREAD

farine
200 g

sucre
40 g

beurre doux ou salé
125 g

prêt en 15 minutes

30 minutes de cuisson

pour 4 personnes

- Préchauffer le four à 170 °C. Mélanger la farine et le sucre, ajouter le beurre coupé en morceaux et mélanger du bout des doigts pour sabler le mélange.
- Presser la pâte dans un moule à tarte. Tracer des lignes avec la pointe d'un couteau pour pouvoir découper le shortbread plus facilement.
- Enfourner 20 à 30 minutes jusqu'à ce que le shortbread soit à peine doré. Laisser tiédir puis démouler et couper.

PALMIERS

cassonade
2 cuillerées à soupe

pâtes feuilletées
× 4

jaune d'œuf
× 1

cannelle
1 cuillerées à soupe

prêt en 15 minutes

40 minutes de repos
10 minutes de cuisson

pour 18 palmiers

- Superposer les pâtes (sans les papiers) et presser le tout avec un rouleau à pâtisserie. Couper les bords pour obtenir des carrés. Saupoudrer de cassonade et de cannelle.
- Rouler 2 côtés vers le centre. Placer 30 minutes au congélateur.
- Délayer le jaune d'œuf avec 1 cuillerée à soupe d'eau. Couper le rouleau en tranches fines et les disposer sur une plaque garnie de papier sulfurisé. Badigeonner de jaune d'œuf. Remettre 10 minutes au congélateur. Préchauffer le four à 210 °C et enfourner 10 minutes.

SABLÉS

prêt en 10 minutes

30 minutes de repos
10 minutes de cuisson

pour 20 sablés

pâtes sablées
× 2

sucre glace

- Découper des formes dans la pâte à l'aide d'un emporte-pièce ou d'un verre.
- Ranger les sablés sur une plaque recouverte de papier sulfurisé. Placer 30 minutes au réfrigérateur.
- Préchauffer le four à 180 °C puis enfourner les sablés 10 minutes jusqu'à ce qu'ils soient dorés.
- Saupoudrer de sucre glace.

QUATRE-QUARTS

prêt en 10 minutes

40 minutes de cuisson

pour 4 personnes

farine
220 g

beurre mou
200 g

sucre
200 g

levure chimique
1 sachet

œufs
× 4

- Beurrer et fariner un moule à cake ou à manqué. Préchauffer le four à 180 °C.
- Fouetter le beurre et le sucre. Ajouter les œufs un à un tout en fouettant puis ajouter la farine et la levure.
- Verser dans le moule et faire cuire 40 minutes. Au bout de 15 minutes, baisser le four à 150 °C. Vérifier la cuisson avec une pique en bois.

GÂTEAU AU YAOURT

prêt en 10 minutes

40 minutes de cuisson

pour 4 personnes

yaourt
× 1

farine
× 3 pots de yaourt

cassonade
× 2 pots de yaourt

beurre
150 g

œufs
× 3

levure chimique
1 sachet

- Faire fondre le beurre.
- Préchauffer le four à 180 °C.
  Beurrer et fariner un moule à cake.
- Fouetter tous les ingrédients.
- Verser dans le moule
  et enfourner 40 minutes.

CARROT CAKE

prêt en 25 minutes

50 minutes de cuisson

pour 6 personnes

carottes
400 g

farine à levure incorporée
300 g

cassonade
200 g

œufs
× 4

huile de tournesol
10 cl

mélange pour pain d'épices
2 cuillerées à café

- Préchauffer le four à 180 °C. Éplucher et râper les carottes.
- Mélanger la farine, la cassonade, 1 pincée de sel et les épices. Incorporer l'huile et les carottes. Ajouter les œufs un à un.
- Huiler et fariner un moule à cake, y verser la pâte et enfourner 50 minutes.
- Laisser tiédir avant de démouler. Envelopper dans du film alimentaire pour ne pas qu'il se dessèche.

BANANA BREAD À LA CANNELLE

prêt en 10 minutes

45 minutes de cuisson

pour 6 personnes

bananes bien mûres
× 4

farine à levure incorporée
210 g

cassonade
80 g
+ 2 cuillerées à soupe

beurre salé mou
110 g

œufs
× 2

cannelle
1 cuillerée à café

- Fouetter le beurre 80 g de cassonade. Ajouter les œufs, la farine, la cannelle et 3 bananes écrasées.
- Verser dans un moule beurré et tapissé de cassonade. Couper la dernière banane en deux dans la longueur et la poser sur le dessus. Saupoudrer avec 2 cuillerées à soupe de cassonade.
- Enfourner 45 minutes. Attendre que le gâteau soit tiède pour démouler.

FLAN PÂTISSIER

prêt en 15 minutes

45 minutes de cuisson
1 nuit de repos

pour 6 personnes

lait entier
1 litre

crème liquide
25 cl

œufs
× 6

vanille
× 2 gousses

fécule de maïs
70 g

sirop de coco
4 cuillerées à soupe

- Préchauffer le four à 180 °C. Faire bouillir 80 cl de lait et la crème avec les gousses de vanille fendues et grattées. Laisser infuser 20 minutes.
- Battre 2 œufs et 4 jaunes puis ajouter 20 cl de lait, le sirop de coco et la fécule. Jeter les gousses de vanille et verser le lait sur les œufs.
- Remettre le tout dans la casserole et faire cuire à feu très doux 6 à 7 minutes, en remuant.
- Verser la préparation dans un moule à manqué de 22 cm et enfourner 45 minutes. Laisser refroidir et placer 1 nuit au réfrigérateur.

PAIN PERDU

pain de mie
× 8 tranches

œufs
× 3

sucre
50 g

lait entier
50 cl

extrait de vanille liquide
1 cuillerée à café

beurre
40 g

prêt en 10 minutes

6 minutes de cuisson

pour 4 personnes

- Fouetter les œufs, le sucre et la vanille puis ajouter le lait.
- Tremper les tranches de pain une à une dans le mélange.
- Faire chauffer le beurre dans une poêle et faire dorer les tranches 2 à 3 minutes de chaque côté.
- Servir avec du miel ou du sirop d'érable.

BANANES CARAMÉLISÉES

prêt en 5 minutes

5 minutes de cuisson

pour 4 personnes

cassonade ou miel
8 cuillerées à soupe

bananes
× 4

beurre
40 g

- Couper les bananes en deux dans le sens de la longueur sans les éplucher. Saupoudrer chaque demi-banane de 1 cuillerée à soupe de cassonade ou la badigeonner de 1 cuillerée à soupe de miel.
- Faire chauffer le beurre dans une grande poêle. Ajouter les bananes et les faire caraméliser à feu moyen-vif pendant 3 à 5 minutes.
- Servir avec une boule de glace, par exemple.

ICE CREAM SANDWICHS

prêt en 10 minutes

sans cuisson
2 heures de repos

pour 4 personnes

glace au choix
1 litre

sablés fins
× 16

- Faire ramollir la glace pendant 10 minutes. L'assouplir à l'aide d'une spatule sans la faire fondre.
- Tartiner la moitié des sablés d'une bonne couche de glace et recouvrir avec les biscuits restants. Remettre au congélateur au fur et à mesure et laisser prendre 2 heures environ.

table des recettes

Recettes issues des livres : *Apéro Super facile, Dessert Super facile, Desserts* de Natacha Arnoult ; *Veggie pour tous les jours, J'apporte quoi Super facile, Tarte Super facile, Juste un plat, Un plat Super facile* de Sabrina Fauda-Rôle ; *Vite prêt en 10 minutes, Légumes, Cuit-vapeur Super facile* d'Orathay Souksisavanh ; *Le B.A.-BA des dîners express, Un plat italien Super facile* d'Ilona Chovancova ; *Le B.A.-BA pour cuisiner italien, Terrine Super facile, Tartes & quiches* de Guillaume Marinette ; *Bolo Super facile* d'Anaïs Chabault ; *Soupe Super facile* de Lene Knudsen ; *Sans gluten Super facile* d'Audrey Fitzjohn ; *Vegan Super facile* de Jessica Oldfield ; *Le B.A.-BA de la pâtisserie moins sucrée* d'Élisabeth Guédes.

Photographies des recettes : Valéry Guédes, Ilona Chovancova, Charlotte Lascève, Richard Boutin, Rebecca Genet, Akiko Ida, Audrey Fitzjohn et Elisa Watson.
Photographies des ingrédients : Richard Boutin, Ilona Chovancova, Audrey Fitzjohn, Rebecca Genet, Valéry Guedes, Akiko Ida, Pierre Javelle, Charlotte Lascève et Elisa Watson.
© Shutterstock : page 74 pâtes ruote.

Suivi éditorial : Natacha Kotchetkova
Mise en pages : Frédéric Voisin

58, rue Jean-Bleuzen, 92178 Vanves Cedex
Dépôt légal : janvier 2023
ISBN : 978-2-501-17571-5
2048787/02
Achevé d'imprimer en mai 2023 par Macrolibros en Espagne

PAPIER À BASE DE FIBRES CERTIFIÉES

MARABOUT
s'engage pour l'environnement en réduisant l'empreinte carbone de ses livres.
Celle de cet exemplaire est de :
500 g éq. CO_2
Rendez-vous sur
www.marabout-durable.fr